CONFÉRENCE

P. Capronnier

Enseigne de Vaisseau

VOYAGE en EXTRÊME-ORIENT

Phot. Hennerave.

1898

VOYAGE

EN

EXTRÊME-ORIENT

VOYAGE EN EXTRÊME-ORIENT

NOTES ET SOUVENIRS

CONFÉRENCE

FAITE ET PUBLIÉE

Avec l'autorisation du Ministre de la Marine

PAR

P. CAPRONNIER

Enseigne de vaisseau.

PRÉFACE DE M. ALF. ANSART

BEAUVAIS

LAMIABLE, IMPRIMEUR, 27, RUE SAINT-PANTALÉON

1898

A Monsieur Alf. ANSART

En gage de profonde sympathie et d'amitié.

En souvenir des bonnes heures passées ensemble.

EN GUISE DE PRÉFACE

Vous me demandez, cher ami, une Préface pour votre « Voyage en Extrême-Orient » ! Croyez-vous qu'elle soit bien nécessaire ? Une préface... mais cela ne se lit guère ; c'est d'ailleurs, je le confesse, la seule raison qui me décide à accepter votre offre mille fois trop aimable.

Mais à quel titre, moi, Terrien, Terrien par atavisme, Terrien de naissance, Terrien de constitution, Terrien de carrière, vais-je présenter au public ces impressions et ces paysages, cueillis et esquissés par vous, à travers la mâture du *Forfait*, sous l'œil clignotant des phares, dans le craquement des vergues et les sourds gémissements de la carène léchée par la vague ?

Je fouille, je scrute ma mémoire, l'*Aquarium glauque* chanté par le maître, à l'*âme sousmarine*, Rodenbach.

Et j'ai souvenance de serpentins sillages dans les méandres potagers de la Somme, le grand fleuve de… de Picardie, à bord d'un coquet youyou baptisé « Maud ». Par un certain jour d'été, « Maud », de désespoir sans doute de se voir si mal gouvernée, alla se briser le crâne contre les piles d'un pont,… ce qui refroidit pour quelques années mes amours canotières !

Est-ce un titre ?

Plus tard, abandonnant la navigation à voile pour la navigation à vapeur, je m'embarquais successivement à bord du « Calais-Douvre », de « La Marguerite » et autres steamers reliant notre doux pays à la *Old England*. Je n'ai rapporté de ces différentes croisières que l'obsédant souvenir d'une nauséeuse prostration… Oh ! le mal de mer ! Il me poursuivit jusque dans mes traversées séquaniennes, à bord des bateaux-mouches et des *hirondelles*, dans mes anxieuses attentes sur les mobiles pontons ! et j'étais à cette époque secrétaire d'un amiral, d'un ex-ministre de la marine !… Voilà mes titres… très exceptionnels !

Il en est un qui me tient plus à cœur, c'est la très vive sympathie que vous m'avez inspirée, mon cher ami.

Avec vous, sans la moindre anxiété d'estomac, les pieds sur les chenets, j'ai repris la mer, et j'ai vogué loin, très loin, vers des horizons très bleus. Vous m'avez fait entendre le silence des libres et larges vastitudes ; peu à peu, dans les volutes mauves de la cigarette qui console, s'estompaient les grisailles de la vie quotidienne, et à bord du « Rêve » nous cinglions à pleines voiles vers l'Idéal.

Je vous en garderai une éternelle reconnaissance ! L'Extrême-Orient, c'est un peu pour moi « La Princesse lointaine », la mystérieuse, l'imprécise enthousiasmante, vers laquelle je n'irai jamais. Vous m'avez appris à l'aimer ; du fond du cœur, merci.

Quand vous serez *de quart* et que vos pensées iront vers la Patrie absente, vers le Pays, vous vous souviendrez peut-être d'un ami évoquant dans le rougeoiment de l'âtre, cette « Princesse lointaine », cette vie idéale dégagée des conventions et des préjugés, que le mirage, doulce amye du marin, fera Vôtre.

En communion d'idées avec vous. Bonne route vers le But et nargue des tempêtes.

Alf. ANSART.

Beauvais, Février 1898.

VOYAGE EN EXTRÊME-ORIENT

Notes et Souvenirs

Mesdames, Messieurs,

Quelqu'un me racontait l'anecdote suivante : « J'étais à Rio-de-Janeiro et je devais narrer à mon père mes impressions ; ma foi ! j'étais pressé, j'avais sous la main un livre fort bien fait sur cette ville et... je me contentai d'en copier quelques pages que j'envoyai, heureux de mon idée. Je continuai mon voyage, n'y pensant plus ; mais quand, à mon retour, je retrouvai mon père, il me dit, un peu railleur : « Quand tu m'écriras, tu « n'as qu'à m'indiquer : voir tel auteur, « telle page, tu gagneras du temps et tu « t'épargneras une peine inutile !... »

Comme le corbeau de la fable, celui qui me racontait ceci jura, mais un peu tard, qu'on ne l'y prendrait plus, et, moi, je me suis promis d'en faire mon profit. Aussi, à la suite de cette très suggestive conversation, je me suis hâté d'abandonner les dictionnaires, atlas, livres d'histoire, traités d'ethnographie, récits de voyages, et j'ai pris le parti de vous raconter simplement mon voyage en Extrême-Orient.

J'ai pensé qu'il était préférable de vous parler, vaille que vaille, de choses vécues, de vous dire ce que j'ai vu, ce que chacun doit ressentir, il me semble, devant les spectacles si pittoresquement variés que j'ai eus sous les yeux. Ainsi, je risque, il est vrai, d'être peu technique, peu scientifique, mais je réclame sur ces points votre indulgence en raison même de ma sincérité. Du reste, j'ai trouvé, pour ne pas me laisser égarer, de bons guides, de sérieux documents dans ma correspondance et dans les notes que j'écrivais un peu à la hâte, au jour le jour, sous le coup de mes impressions, durant cette campagne.

**

Quand je suis parti, en octobre, c'était l'automne, déjà l'hiver à Beauvais, avec un ciel gris, une humidité pénétrante, du froid, de la boue, et je trouvai avec joie, en arrivant à Toulon, de la chaleur, des toilettes printanières, des ombrelles, des palmiers verts, une mer étrangement bleue, éclairée par un gai soleil dans un ciel pur. Par malheur, je n'eus guère le temps de jouir de tout cela ; le bateau était prêt, il fallait partir… Heure toujours pénible que celle d'un départ, toujours émouvante, solennelle, et l'on n'entend pas beaucoup de cris ou de rires à bord à ce moment-là ! Dès la manœuvre finie, tous les yeux, d'instinct, se tournent vers le port qui s'éloigne. Les visages sont impassibles parce qu'il le faut, mais quel serrement de cœur, même chez les plus vieux loups de mer, car le départ est une

1*

des choses auxquelles l'homme ne s'habitue jamais, tant cela ressemble toujours à une fin, à une mort!... Et puis, on est au large; le train-train de la vie du bord vous prend, la mer vous captive; l'avenir, la perspective de pays nouveaux, de climats étranges, de mœurs bizarres, vous attirent, et adieu les regrets!

Notre première relâche fut Oran où nous avions des troupes à embarquer. L'Algérie, c'est encore un peu la France, et Oran n'importe quelle petite sous-préfecture du Midi, avec sa grande place, sa mairie toute neuve, ses cafés, ses papotages et même... des omnibus... Seulement, dans les rues grillées de soleil, au milieu de l'agitation des Européens, suant sous leurs casques de liège, on voit de grands types d'Arabes se promener très lents, très dignes dans leurs grands burnous sales et en haillons. Hélas! le bon temps est fini pour eux; ils n'en semblent pas trop affectés : « C'était écrit!... »

**

D'Oran à la Tunisie, nous suivons la côte de près et nous voyons défiler sous nos yeux Alger, très blanche au fond de son golfe ; nous distinguons les grandes arcades des quais, les vastes immeubles qui les bordent d'un long bloc régulier avec, au centre, la coupure verte d'un jardin public. Par-dessus, c'est un fouillis de maisons qui se termine tout en haut par un vieux reste de ville arabe fondant de jour en jour sous l'invasion de l'Européen ; à droite, sur une pointe, Notre-Dame d'Afrique regarde la mer.

Puis, c'est Bougie, Bizerte allongeant dans les flots les deux grands bras croisés de ses jetées, et enfin l'entrée du golfe de Tunis, Carthage avec tout son vieux passé héroïque : Hannibal, Hamilcar, Salammbô, les Romains.

Ici, nous perdons la côte de vue, et, pendant trois jours, nous retrouvons le large jusqu'à Port-Saïd, à l'entrée du canal. Bien que nous n'apercevions encore rien à l'horizon, nous pouvons cependant nous deviner près de l'Egypte, car le « lac d'azur » est devenu terriblement sale ; c'est presque dans la boue, dans une eau lourde, terreuse, que nous naviguons quelques heures avant d'apercevoir non la terre, mais un phare, des mâtures fines de barcarelles, Damiette, l'embouchure du Nil... Nous passons, et, peu après, nous franchissons les jetées de Port-Saïd.

Dieu, quel tumulte ! A peine sommes-nous arrivés que, déjà, une foule de barques de toutes sortes nous entoure, se bousculant, se heurtant, menaçant de défoncer nos échelles de coupée, et ce sont des cris, des disputes, des offres faites dans les français les plus bizarres par des gens de tous les types, de tous les pays.

Enfin, la « Santé » a « permis la communication avec la terre ». Tout ce monde-là peut monter à bord et ne se fait pas prier.

Aussitôt sur le pont c'est un déballage des objets les plus divers : tabacs orientaux, allumettes, éventails, fruits, tapis, et enfin, le précieux tricot maille qui doit, dans les pays chauds, éviter l'inflammation de la peau par la continuelle transpiration et les horribles « bourbouilles » qui en sont la conséquence directe.

Autre attraction. Le marché de charbon est passé et de lourds chalands noirs s'approchent couronnés de pittoresques grappes d'indigènes. Quelle activité ils mettent, ces gens-là, dans leur travail ! S'excitant de cris, de chansons, ils courent, s'agitent, se démènent au milieu d'un nuage noir, en longues files, portant sur leurs épaules de petits paniers de combustible. La nuit vient, nous sommes pressés, défense d'interrompre l'embarquement. Dans la nuit claire s'allument de grandes corbeilles de houille qui brûlent, très rouges. Le spectacle est infernal : cette clameur, cette fièvre de mouvement, ces faces noires, ces colonnes de fumée s'élevant dans la chaleur lourde, la poussière impalpable qui suffoque, irrite la gorge et brûle les yeux, tout cela est étrange : on dirait une scène de Dante !

Mon service terminé, il me reste encore une heure ou deux avant le départ, et j'en profite pour visiter Port-Saïd. Là encore le spectacle est bizarre. Placé sur la plus grande voie de communication moderne, à la limite de deux civilisations, à l'endroit précis où tous les peuples se rencontrent, son importance est grande et sa population s'accroît de jour en jour. Population extraordinaire, du reste, qui fait penser à quelque Babel contemporaine. Tous les dialectes s'y croisent, toutes les mœurs, tous les produits de trois parties du monde, tous les types, toutes les races et aussi tous les vices, — car Port-Saïd est un peu le refugium de l'Europe, — toutes les épaves s'y arrêtent, et, dans cet immense mouvement, il y a place pour les métiers interlopes, les besognes louches.

A minuit, nous entrons dans le canal. Notre projecteur électrique allumé à l'avant, presqu'au niveau de l'eau, éclaire la route ; dans l'éventail de lumière qu'il projette se déroule un long ruban d'argent avec ses rives plates de sable décoloré ; parfois une maison avec un sémaphore : une gare. Le canal est, en effet, trop étroit pour permettre le passage de front de deux navires, et, comme sur les lignes de chemin de fer à voie unique, des garages ont été ménagés de distance en distance pour les croisements. Du reste on navigue lentement, à vitesse réduite, car il faut éviter que l'eau, violemment déplacée par les remous, ne détruise les berges de sable très friable. Le jour vient au moment où nous entrons dans les lagunes décorées du nom de « lacs amers ». A droite, au milieu de la solitude du désert, une ville avec des arbres, une oasis dans les sables : c'est Ismaïlïa avec, s'en détachant, une longue traînée verte, le canal d'eau douce... Peu à peu, les rives se resserrent, deviennent plus escarpées, plus hautes, nous traversons le seuil et nous arrivons à Suez. Le canal a une longueur de 160 kilomètres, 8 mètres de profondeur et 22 mètres de large sur le fond.

Nous continuons notre route au sud dans ce long boyau bizarre qu'est la mer Rouge. Calme profond ; la chaleur est accablante ; il fait à peine plus frais que dans le canal de Suez où, réverbéré par les sables du désert, le soleil est vraiment insupportable. La nuit ne nous apporte qu'une très relative fraîcheur : le ciel est d'une pureté admirable, les étoiles ont des scintillements étranges — oh ! contraste ironique ! — comme dans les belles gelées de nos climats, et du sud, avec la brise, nous arrivent des bouffées d'un air chaud, comme sortant d'un four.

Au lever du jour, nous passons au pied du Sinaï, dont la cime se détache nettement des massifs voisins. La nature nous paie notre nuit passée sans sommeil par un bien sublime spectacle. Dans le ciel sans nuages, coloré des teintes les plus fantastiques, passant d'un invraisemblable rouge de sang au rayonnement d'un or très pur, du vert le plus délicat, du violet le plus doux au bleu le plus profond, dans une véritable féerie de couleurs telles qu'aucun peintre n'en produira jamais, le soleil se lève radieux, nimbant de gloire la vieille légendaire montagne d'où se répandit sur le monde une révolution : une civilisation. Pas un souffle d'air : le silence est solennel ; à peine distingue-t-on le murmure de l'eau contre la coque et le vague ronron de la machine comme un cœur qui bat, seul signe de la vie. Et nous nous éloignons ; le mont Sinaï, peu à peu, s'efface, dernière frontière du monde que nous quittons, où règne, plus ou moins pure, la loi du Patriarche, « la doctrine du Christ ».

Après cinq jours d'épouvantable chaleur, par un soleil implacable, nous arrivons en rade d'Obock. A gauche, quelques maisons européennes, habitations du gouverneur, du trésorier, des fonctionnaires, du fournisseur, la poste, l'usine à glace, puis quelques pauvres cases de nègres, un grand hangar sur la plage précédé d'un warf couvert de charbon ; au loin, à gauche, l'hôpital : tel est Obock sous le climat le plus chaud du monde, dans un désert de sable aride et sans eau. A grand renfort de puits, de pompes, de rigoles, on est arrivé à créer un vague jardin où poussent quelques pauvres légumes ; sur le plateau, des gazelles, derrière la ville croît, tant bien que mal, une maigre brousse. Mais ce ne sont guère là de sérieuses ressources pour une exploitation coloniale ; aussi, Obock ne sera-t-il jamais qu'un comptoir, un dépôt de charbon, un excellent poste stratégique à l'entrée de la mer Rouge, un point d'embarquement pour les chauffeurs nègres qui viennent soulager à bord des navires le travail des Européens dans les machines, véritables fournaises sous ce torride climat.

Quant au commerce, il y est faible et trouve son principal aliment dans la vente... des timbres-poste. On en vend en moyenne pour 3o,ooo francs chaque année aux touristes et collectionneurs et, pour que cette importante source de revenus ne s'épuise pas, on a soin de changer souvent l'émission.

Quelqu'un, About je crois, dit quelque part : « Les jours de navigation sont des pages blanches dans le livre de la vie. » C'est, à mon avis, juger bien sommairement et bien cruellement la navigation, et, pendant les longues heures passées dans la mer des Indes, à l'époque tranquille où une régulière mousson vous pousse et vous apporte une délicieuse fraîcheur, chacun trouve son compte : le penseur, en contact avec l'infini, trouve matière à méditation ; le poète, à loisir, peut s'enivrer d'air et de liberté, jouir en paix des inépuisables émotions d'une mer sans cesse variée ; le savant, mettre à profit les longues heures inoccupées pour se plonger dans la science et l'observation des phénomènes météorologiques ; le touriste cause, met en ordre ses notes, se prépare à de nouveaux spectacles, à de nouvelles études de mœurs. Pour lui, c'est l'entr'acte reposant, le rideau baissé derrière lequel tout à l'heure se jouera une nouvelle scène en un autre décor ! Jamais cette impression ne fut pour moi aussi vive que dans cette calme traversée d'Obock à Colombo des Indes, capitale de Ceylan. Jamais, je crois, contraste ne fut plus vif, plus complet : après le désert de feu, le paradis terrestre ; après l'aridité, la végétation poussée à l'excès, étouffante, sous un climat enivrant de senteurs, et si doux, si beau !...

Deux parties bien distinctes forment la ville, séparées l'une de l'autre par un vaste étang du plus bel effet, vu la nuit, dans une de ces superbes nuits des tropiques, lumineuses comme un crépuscule, avec la lune éclairant d'une étrange lueur verte les grands arbres des bords, se jouant dans les feuilles et les fleurs des lotus sacrés ; deux parties, l'une près du port, européenne ou plutôt anglaise avec ses hôtels comme des palais, ses superbes monuments publics, ses vastes bazars où les bijoux, les costumes, les curiosités d'une vieille civilisation se trouvent pêle-mêle avec des boîtes de conserves, des drinks et d'horrible pacotille. L'autre, la ville indigène, une longue avenue de cocotiers bordée de petites cases en forme de boutiques où se vendent tous les pro-duits indispensables à une vie primitive, tous les résultats de l'industrie locale : vases de terre grossiers, bijoux de clin-quant, peignes d'écaille et surtout du béthel, une quantité considérable de béthel et de noix d'arec dont les indigènes sont si friands. Il est impossible d'en ren-

1**

contrer un seul qui n'ait dans la bouche un mélange de ces deux substances, toniques dit-on, mais qui donnent à leurs dents cette couleur rouge, suprême élégance pour eux : tous les goûts sont dans la nature.

De beaux types ces Cinghalais, nos cousins, disent les ethnographes, et nous pouvons être fiers de cette parenté. De taille moyenne, mais bien bâtis, bien musclés, bien proportionnés, nerveux, vigoureux, ils portent fièrement une tête bronzée, aux traits fins, aux yeux vifs et intelligents, une physionomie ouverte et loyale, encadrée de longs cheveux qu'ils relèvent derrière la tête en chignon maintenu par un peigne demi-circulaire ; par-dessus vient s'appliquer souvent une coiffure plate, en forme de béret du plus bizarre effet. Quant à l'élément féminin, il est, toutes proportions gardées, moins beau, moins pur : la taille est plus petite, l'ensemble chétif, l'air trop esclave, en contraste avec l'allure farouche de leurs époux.

Mais Colombo, c'est la côte, le grand port où se croisent les lignes de Chine et d'Australie, où, par conséquent, le cosmopolitisme a sévi, et il faut gagner l'intérieur pour bien apprécier l'île. J'avais le temps ; avec un de mes amis nous partîmes pour Kandy et je ne crois pas avoir fait depuis une si belle excursion. D'abord, au sortir de la ville, la route s'allonge dans une vallée basse, marécageuse, coupée de rizières, et d'une grande fertilité. Des arbres, des oiseaux, des fleurs partout ; partout une intensité de vie, une grâce et un pittoresque dont rien ne peut donner une idée. Des bananiers avec leurs larges feuilles et leurs lourds régimes de fruits, des palmiers déchiquetés, effilochés, des cocotiers droits comme des colonnes, des poivriers, des béthels aux baies éclatantes, des mimosas dorés, des bambous surtout aux troncs serrés à la base, se dispersant, s'étalant en lignes gracieuses comme un bouquet de fusées, des oiseaux aux plumages merveilleux, des perroquets d'un vert éclatant, des colibris ; plus loin, de charmantes cases, nichées sous la verdure, dans les fleurs, de lourds chars massifs attelés de bœufs qui font rêver aux temps mérovingiens, et toujours ces beaux Indous qui, droits et fiers, nous regardent passer.

Nous atteignons la montagne ; en zigzag, la route monte, bordée de précipices, coupant des cascades qui chantent, découvrant, de ci de là, de larges vallées derrière lesquelles d'autres massifs s'étagent en lignes tourmentées à l'excès, dentelées comme de vieilles ruines gothiques, et toujours cette extraordinaire végétation trop riche, trop chargée d'effluves, enivrante, nous accable !...

Enfin, nous atteignons Kandy, bâtie au fond d'un amphithéâtre de montagnes, autour d'un lac que pas un souffle ne ride et dans lequel viennent se mirer de charmantes villas anglaises — chose curieuse — bâties avec goût, tassées dans les arbres, accrochées sur les flancs abrupts, ou, montant plus haut encore, regardant par une coupure quelque vallon au loin. Nous passons rapidement car deux choses nous attirent : le jardin botanique et le temple de « La Dent sacrée de Bouddha ».

Dans ce climat étrange, sur cette terre féconde à l'excès, un riche Anglais a eu l'idée de rassembler toutes les espèces de plantes, toutes les essences d'arbres, et a composé ainsi le plus joli parc qui puisse exister.

Quant au temple, lui aussi est bien curieux avec ses énormes assises de pierre, ses gigantesques poutres, ses épaisses colonnes sculptées portant deux éléphants comme chapiteaux, ses marbres, ses richesses et ses fleurs : dans cet endroit on en répand partout et leur odeur monte vers l'idole comme un pur encens.

Du reste, le bouddhisme n'est pas ce que nous le croyons être : un ramassis de puériles superstitions. Il possède une morale et une métaphysique fort belles en leur simplicité.

Les Bouddhistes croient à l'Unité de

Dieu et à l'Immortalité de l'âme ; mais ils n'admettent pas, après cette vie, l'éternelle paix ou l'éternel châtiment : pour eux une existence humaine est trop courte pour mériter une pareille sentence, et ils sont logiquement amenés à admettre la transmigration des âmes. De réincarnation en réincarnation, l'homme s'avance vers l'éternel repos, le « nirvana » ou l'état sans désirs, conservant après chaque existence le bénéfice de ses bonnes et de ses mauvaises actions ; c'est parce que tous les hommes ne sont pas arrivés au même point de la route vers l'idéale perfection que nous voyons ces effrayantes inégalités devant le bonheur : il ne faut pas se décourager, mais pratiquer le bien pour y arriver après l'épreuve. Quant à ce bien, il se résume en l'acquisition de six vertus capitales : l'aumône, la science, l'énergie, la charité, la pureté et la patience... Je vous ferai simplement remarquer que les adeptes de Cacya-Mouni distinguent entre l'aumône et la charité...

Ceux que nous dédaignons en les traitant de peuples naïfs peuvent, de temps à autre, nous donner de bonnes et fortes leçons...

*
* *

Au coucher du soleil, nous reprîmes notre chemin vers le port ; nous repassâmes près des mêmes précipices, sous les mêmes grands bois, éclairés maintenant d'étranges lueurs violettes ou roses, et tout en marchant, mon ami et moi, nous chantonnions des vers de Lackmé :

> Où va la jeune Indoue,
> Fille des Parias,
> Quand la lune se joue
> Sous les grands mimosas ?

Et pensant, dans la mélancolie captivante du soir, à toutes les détresses, nous ajoutions :

> Elle court sur la mousse
> Et ne se souvient pas
> Que partout on repousse
> L'enfant des Parias !

**

Cependant, le charbon embarqué, l'équipage reposé, l'heure du départ approchait. Pour rentrer à bord, nous prîmes une de ces petites pirogues longues, extraordinairement étroites, équilibrées par un épais madrier flottant à deux mètres de la coque. Quatre nègres font avancer cette étrange construction en ramant ou plutôt en pagayant avec des branches à peine taillées ou avec des débris de planches provenant de caisses à vermout ou à biscuits.

Une nouvelle traversée, longue cette fois, car nous devons aller jusqu'à Saïgon sans relâcher...

Pendant quelques jours encore la mousson du Sud-Ouest (prononcez *suroît)* pousse, très régulière, très douce, avec un ciel toujours serein, une mer unie comme une glace. En entrant dans le long chenal qui sépare la presqu'île de

Malacca de la grande île de Sumatra, le temps se couvre, des *grains* ou averses tombent avec violence; du reste cet agréable temps règne sur ces parages dix mois de l'année, et ce n'est pas tout: la boussole — cet instrument déjà si peu précis par lui-même — se dérange, grâce à la présence de courants magnétiques et c'est presque à tâtons qu'on arrive au détroit de Singapour, dans un dédale d'îles, d'îlots et de rochers dont nous sortons heureusement. Notre route se continue avec le même temps triste jusqu'à Saïgon.

Saïgon! Quelle joie de trouver en plein Extrême-Orient une ville exclusivement française, un coin de la Patrie où nous retrouvons nos mœurs, notre langage et même notre théâtre!

Saïgon n'est pas située sur la mer, mais à environ une quarantaine de kilomètres à l'intérieur des terres, sur un des bras du Mekong. Pour y arriver on passe devant la petite ville du Cap-Saint-Jacques, à l'embouchure du fleuve.

C'est là, sur cette colline rocheuse, la seule de la contrée, que la population de la capitale vient chercher pendant l'été la fraîcheur de la mer et fuir la fièvre émanant d'un terrain bas, marécageux. Du bord, on distingue très bien ses petites villas à vérandas, à toits rouges, éparpillées parmi les bananiers et les cocotiers, derrière une mince ligne jaune, la plage.

Puis, entre deux rives au ras de l'eau, couvertes d'inextricables buissons de mancenilliers nains, nous remontons, croisant de temps en temps des arroyos ou petits ruisseaux boueux sur lesquels naviguent quelques pauvres sampans montés par des indigènes vêtus de noir. De loin en loin, des cultures avec de petites cases; quelques bœufs à bosses, quelques Cochinchinois nous regardent ébahis et la vaste plaine de mancenilliers reprend, coupée par les larges méandres que forme l'enchevêtrement des bras du fleuve dans le Delta.

Au loin émergent de la verdure les

deux hauts clochers de la cathédrale, des mâts de navires, la grande grue de l'arsenal, les pavillons des consulats : nous sommes arrivés.

C'est charmant Saïgon depuis les derniers travaux d'assainissement. Les rues — ou plutôt de très larges avenues, car partout ont été plantés de beaux arbres — sont bordées de maisons bien bâties où pénètrent à flot l'air et la lumière.

Le service terminé, vite à terre ; il est cinq heures, l'heure de l'animation et de la vie après la chaleur accablante du jour ; une grande artère, la rue Catinat, va du quai à la cathédrale, là-bas, près de son petit square et de son joyeux jet d'eau. Derrière les arbres, du côté de la rivière, deux cafés, jadis les plus beaux, rejetés maintenant au second plan par les superbes établissements où nous entrerons tout à l'heure, puis les boutiques se succèdent. petites, tassées. Les enseignes rouges, aux caractères dorés, ne nous diront rien, car elles sont écrites en langue chinoise ; mais voyons ce qu'on peut y acheter. Voici d'abord un tailleur. Le maître est sur sa porte, dans sa longue robe grise, montrant sa face jaune, impassible, avec des pommettes saillantes et des yeux bridés. La tête est rasée à l'exception de la légendaire queue qui pend derrière lui. Il fume une longue pipe et se livre, sur l'abaque ou boulier, à d'interminables calculs. Derrière lui, ses ouvriers, penchés sur leur ouvrage, travaillent avec une ardeur exemplaire. Continuons notre course ; voici un second tailleur, plus loin un troisième, puis un autre, puis dix... Ils sont là vingt tailleurs qui se succèdent : c'est à croire que tous les Chinois sont nés tailleurs. Comment font-ils pour vivre de leur métier en dépit de cette terrible concurrence ? Ma foi ! je n'en sais rien ! Mais ils sont si sobres, il leur faut si peu de chose ! Du reste, leurs prix sont modiques et, pour une dizaine de francs, on peut avoir un beau vêtement complet de toile blanche fait sur mesure, mais il faut se méfier de ces gens qui poussent l'économie à ses dernières limites. Sur mesure ? Oui, mais ils serrent, étriquent, gagnant ici un centimètre d'étoffe, là le fil d'une couture. Le mieux est de leur prêter un modèle fait en Europe et de leur ordonner de fournir semblable. Encore faut-il ne pas avoir pleine confiance dans leur intelligence ; l'exemple suivant en donnera une preuve :

Un de mes camarades, voulant se faire faire un veston, suit cette méthode et donne, comme modèle, un superbe vêtement de Paris qui, par suite d'un accident, se trouve avoir une belle tache d'huile. Quelques jours après, il prend son acquisition, il essaye, tout va bien : mais il aperçoit sur l'habit neuf, à la même place et de la même grandeur, la même tache d'huile ; il regarde d'une façon significative le malheureux tailleur qui répond dans son langage petit nègre : « Ça, très difficile à obtenir pareil, mais ça bien réussi ! » et le mieux est qu'il demande un supplément de salaire pour ce supplément de travail. Mon camarade rit tellement de l'aventure qu'il n'eut plus la force de se fâcher.

Plus loin sont d'autres boutiques moins pittoresques, celles-là, où l'on vend d'horribles bibelots d'exportation, d'affreuses boîtes laquées, de très vulgaires services à café ou à thé en fausse porcelaine de Chine ornés de barbouillages grossiers, des bambous sculptés et des magots.

Après ces bazars, on rentre vraiment dans le domaine de la civilisation européenne ; pas la petite ville de province, mais une cité large, animée, bruyante même. Voici de superbes cafés grands ouverts, très élevés, où l'on boit de délicieuses choses glacées. En face, une bâtisse carrée, le théâtre municipal : des chaises et des fauteuils au rez-de-chaussée, un seul étage de loges au-dessus et sous le plafond, une large claire-voie entourant la salle (les courants d'air ne sont pas à craindre). Du reste, assez bonne troupe venant tous les ans de Marseille, à la bonne saison, en novembre, et repartant aux premières pluies, vers avril ou mai. Quelle fête que l'arrivée des artistes ! Tous, grands et petits, riches et pauvres, européens et indigènes, les attendent avec impatience et vont chaque soir écouter fidèlement quelque vieille opérette.

Plus loin encore, les hôtels, comme le reste de la ville, construits avec tout le confort possible ; les baies sont grandes ouvertes, les plafonds élevés et des pan-cats, ou larges cadres de toile qu'un boy agite dans un coin comme des éventails, amènent un peu de fraîcheur. Autour des petites tables, des serviteurs annamites circulent, d'une propreté remarquable, d'une promptitude et d'une adresse au-dessus de tout éloge. Ils sont silencieux : défense à eux de parler ; du reste beaucoup ignorent le français. Sur les menus, les plats sont précédés de numéros et le voyageur exprime sa volonté en levant le nombre de doigts correspondant à ce qu'il désire. A Saïgon, d'ailleurs, la vie n'est pas chère ; certaines choses surtout se paient à des prix dérisoires, et quand je vous aurai dit qu'un poulet vaut de six à huit sous, je vous aurai donné une idée des prix des vivres de là-bas.

Nous voici maintenant sur le square en face de la cathédrale. A droite, un mystérieux jardin précédé d'une fort belle grille : le Palais du Gouverneur ; à gauche, dans le feuillage, une grande bâtisse d'où partent des rires et des chants : le cercle des officiers, puis la poste, plus grande et mieux aménagée que celle de Beauvais.

Mais de brillants équipages commencent à circuler sur la place : c'est l'heure où le tout Saïgon fait sa promenade dite de *l'inspection*. Prenons une de ces voitures propres, luxueuses même, et suivons le mouvement. Notre cocher est un indigène, notre attelage se compose de deux petits chevaux du pays, vifs, alertes, résistant à l'implacable soleil qui tue de suite les beaux chevaux anglais qu'on essaye d'acclimater. La promenade favorite de la colonie est une route de plus de cinq kilomètres qui s'allonge dans la plaine parmi les cultures et les cases d'abord, puis dans la brousse, dans les taillis de bambous.

A la fin du jour, l'effet est délicieux. On s'arrête quelques instants à un petit café près d'un arroyo désert et l'on repart pour rentrer à la nuit close par le jardin botanique. Encore un coin charmant que ce parc au travers duquel circulent voitures et piétons. De beaux spécimens de la flore asiatique s'y trouvent rassemblés, ainsi que des animaux féroces enfermés en de vastes pavillons disséminés dans le jardin. En voici un, par exemple, qui contient deux superbes tigres royaux : vivant sous leur ciel originaire, au milieu de plantes qu'ils connaissent et dont les effluves leur rappellent les beaux jours de liberté dans la jungle, ils n'ont pas cet air affaissé, abruti, de nos bêtes de ménagerie ; au contraire, dans leur grande cage, ils jouent, rugissent, sautent, gambadent, effrayant bien parfois un peu les chevaux qui passent non loin de là.

Il est également, pour le Saïgonnais, une autre promenade favorite : le but en est Cholen, à huit kilomètres de la ville française. Par malheur, un chemin de fer relie les deux cités et la ville indigène perd de plus en plus de son cachet, de sa couleur locale. Toutefois, j'ai pu assister à une grande procession, à une grande fête, celle du Dragon vert qui laisse bien loin derrière elle toutes les mascarades et les pitreries de nos carnavals européens.

Bref, Saïgon est un petit Paris d'Extrême-Orient : dans la belle saison, une ville de repos et de plaisir. En été elle devient une véritable fournaise dans laquelle le soleil, les pluies torrentielles, les fièvres et les moustiques, harcèlent sans relâche les malheureux habitants obligés d'aller chercher ailleurs le calme et la santé.

**

Lentement, nous redescendons la rivière, nous repassons devant Saint-Jacques et en route pour Hong-Kong, notre prochaine relâche. Oh ! la pénible traversée que celle-là ! Depuis quelques jours le temps était devenu lourd, le ciel épais et bas, cuivré au coucher du soleil ; le baromètre avait baissé brusquement et au large nous avions rencontré une très forte houle du Nord, sans brise ; tout cela annonçait un cyclone dans le voisinage, devant nous probablement.

En effet, à mesure que nous avançons, la mer se creuse, le vent augmente jusqu'à devenir tempête, les vagues deviennent énormes ; notre bateau se comporte bien d'abord, souple sous le choc des lames, plongeant gracieusement son avant dans un lit d'écume blanche et se redressant brusquement comme un cheval qui se cabre ; mais la machine fatigue : à chaque coup de tangage l'hélice sort de l'eau, s'affole, et force nous est de nous arrêter presque, appuyant le navire de quelques voiles basses pour empêcher les roulis désordonnés. A peu près stationnaires, nous voyons peu à peu la tourmente diminuer, la mer devenir moins furieuse, et nous reprenons notre route vers le Nord. Après douze heures de traversée, nous retrouvons la même tempête déchaînée, et bientôt nous devons reprendre la cape. Le même phénomène d'apaisement se reproduit, nous repartons et retrouvons une troisième fois le typhon, moins violent il est vrai. L'explication de ce phénomène est d'ailleurs fort simple : le cyclone se comporte comme une toupie. Il tourne sur lui-même avec une vitesse prodigieuse, et, en même temps, il se déplace d'un seul bloc, dans notre hémisphère, du Sud au Nord et de l'Ouest à l'Est, avec une vitesse de translation relativement très faible, surtout près de son point originaire, dans la période particulièrement dangereuse ; cela explique que nous ayons pu, en marchant à une allure raisonnable, le rattraper à trois reprises différentes dans la même traversée.

Nous arrivons à Hong-Kong avec un notable retard et nous n'y passons que quelques heures. En courant, je visite la ville qui n'a ni grand cachet ni grande originalité par elle-même. On y trouve les grandes demeures anglaises qu'on voit dans les cinq parties du monde, partout où existe un pays britannique. Ici, la ville ne peut s'étendre qu'en hauteur, resserrée qu'elle est entre la mer et le pic Victoria au sommet duquel (ô profanation !) conduit un funiculaire... Toute l'originalité de Hong-Kong réside dans son commerce, qui est considérable, et dans l'histoire de sa création. Les Anglais trouvèrent une île d'une aridité remarquable, mais abritant un bon port ; avec leur habileté ordinaire, ils se l'attribuèrent, y firent venir de la terre cultivable prise sur la côte d'en face, chez les Chinois, y amenèrent des ouvriers, des pierres, des matériaux de toutes sortes, et de ce rocher inculte réussirent à faire une ville animée, saine, entourée de verdure, où se rencontre tout le confort possible. C'est là un tour de force dont ils sont coutumiers, il faut bien le reconnaître.

Et nous repartons pour la grande ville d'Extrême-Orient, la vraie capitale du monde chinois, Shang-Haï. Après le cyclone des jours précédents, la mousson est bien établie : c'est un vent régulier qui souffle dans un sens cinq mois par an et dans le sens inverse pendant cinq autres mois, avec, à chaque changement, un mois de brises irrégulières, de calmes plats ou de typhons épouvantables. A cette époque de l'année, elle vient du Sud et nous pousse rapidement dans le long canal de Formose. Au gré de l'éclairage, nous apercevons tantôt l'île, tantôt le continent ; nous passons devant Amoï, Foutchéou (prononcer Foutchow) d'illustre mémoire, et nous arrivons enfin à l'embouchure du Yang-Tsé-Kiang, le « Fleuve » comme on l'appelle souvent, sans autre désignation, car il est le fleuve par excellence, la grande voie de pénétration au centre de ce mystérieux empire, le quatrième fleuve du monde par sa longueur et l'importance de son débit, la grande artère commerciale grâce aux canaux qui le font communiquer avec les autres bassins fluviaux de la Chine. Du reste, l'entrée du Yang-Tsé-Kiang n'est rien moins que pittoresque : il est plus sale encore, si c'est possible, que le Nil, et je ne sais par suite de quelle aberration les habitants l'ont décoré du nom de « Fleuve-Bleu ». Peut-être est-ce de l'ironie, peut-être aussi qu'à sa source, là-bas, dans les monts Himalaya, son eau èst claire et limpide, reflétant un ciel pur, c'est possible. Quoi qu'il en soit, il présente une embouchure fort large, encadrée de rives très basses qu'on aperçoit à peine. Pour arriver à Shang-Haï, on le remonte, pendant une vingtaine de kilomètres, jusqu'à Woosong, petit port dont l'importance croît de jour en jour à mesure que s'ensable la rivière de Shang-Haï, qui vient en cet endroit communiquer avec le Yang-Tsé proprement dit. Déjà les grands paquebots s'y arrêtent, transbordant passagers et bagages sur des chaloupes jusqu'à la ville, à quinze milles de là.

Rien de plus triste que cette remontée; à gauche la brousse, des marais, des forêts de bambous dans lesquelles les chasseurs vont chercher, suivant la saison, des canards, des grives ou des perdrix rouges. A droite, dans une vaste plaine, le grand cimetière qui ne ressemble en rien à nos champs des morts occidentaux. Les cadavres n'y sont jamais, à proprement parler, enterrés : les cercueils sont simplement posés sur le sol, entourés de pierres sèches, rarement d'un petit tumulus de terre...⸃ On comprend que cette façon d'agir ne rend le pays ni très gai, ni très sain. On dit que lorsqu'une grande marée coïncide avec une crue du fleuve, la plaine est inondée et que les cercueils alors suivent le fil de l'eau jusqu'à la mer...

Des magasins, des usines, des cheminées qui fument, des bateaux en chargement, une activité fébrile, nous voici en face de Shang-Haï. A peine arrivé, je fis connaissance d'un Céléstial intelligent, parlant le français sans accent, bien qu'il zézayât un peu et s'obstinât à manger une partie des mots, grâce à une volubilité incomparable. C'était un ancien interprète ayant servi nos armes sous Rose et Courbet et qui, — ô joie ! — avait

2*

été à Paris. Pour tous ces étrangers, la France n'est pas grand' chose : l'objet de tous leurs vœux, leur plus cher souvenir, l'impression la plus forte est celle de la grande ville, et, pour eux, venir visiter notre patrie, c'est toujours aller à Paris.

Avec lui, je pus visiter Shang-Haï très en détail. Connaissant à fond son pays, ayant pu d'autre part se rendre compte des civilisations européennes, sa conversation a été pour moi d'un grand profit et m'a permis de me rendre compte de bien des faits, pendant le peu de temps que je suis resté en Chine.

D'abord nous visitons les concessions. On appelle ainsi des portions de ville ou plutôt des quartiers que le gouvernement a concédés aux différentes puissances pour y exercer librement leur commerce. Actuellement elles sont au nombre de quatre, égales à peu près en superficie, s'échelonnant le long du fleuve, séparées les unes des autres par des canaux ou arroyos encombrés de jonques et de sampans. C'est chose curieuse de voir le génie de chaque peuple se développer à quelques pas d'intervalle, chacun apportant ses défauts et ses qualités propres.

Beaucoup de Chinois, séduits par notre hospitalité et notre amour de la justice, sont venus s'établir à l'ombre de notre pavillon, autour du clocher de la mission. Notre propriété là-bas est simple, construite sans faste ; on y sent régner notre insouciance, notre passion de liberté et de douce gaieté.

Nous voici maintenant sur le terrain anglo-saxon : un joli square borde la rivière ; en face, de grandes bâtisses luxueuses mais sans goût, parmi lesquelles se distinguent par leur richesse (hélas ! trop voulue, trop recherchée), le club, la grande banque chinoise, des bureaux, des agences. Les boutiques, bien approvisionnées, les maisons particulières, se trouvent à l'intérieur de la ville où règne une animation, une fièvre de mouvement silencieux très britannique.

En aval, c'est la concession américaine, sœur de la précédente; plus loin la concession allemande et plus en aval encore, les magasins, les docks, où s'entassent le thé, la soie, l'étain, l'opium, le riz, la laque, etc.

Çà et là nous rencontrons des usines noires d'où sortent les produits fabriqués spécialement pour l'exportation et qui viendront inonder les marchés européens.

Mais la partie la plus intéressante de la ville, pour qui n'est commerçant ni industriel, mais seulement simple touriste, c'est la grande cité chinoise de plus de 200,000 âmes, enfermée dans ses hautes murailles, près de la concession française.

Dieu! quel grouillement et quel étrange spectacle, une fois les portes franchies: l'Europe est loin maintenant et ici le tableau dépasse toute imagination: des rues ou plutôt des ruelles boueuses dans lesquelles se roulent pêle-mêle dans l'ordure de petits Chinois, des porcs, des chats et des poules. C'est un vrai chaos

de choses les plus étranges, les plus
bizarres. Des échoppes bordent ce ruis-
seau, bien pauvres boutiques pour la plu-
part, où le Célestial trouve, pour deux ou
trois sapèques, le riz tout préparé qu'il
mangera tout à l'heure avec les deux
petites baguettes accrochées à sa ceinture.
Quelques sapèques ! fortune pour lui,
mais combien minime somme pour l'Européen ! Il en faut 11 ou 12 cents pour
faire une piastre, et la piastre vaut de
2 fr. 50 à 3 francs de notre monnaie !
Comme nos futurs sous français, ils sont
percés d'un trou carré au centre et les
riches Chinois, pour faire leurs acquisi-
tions, en traînent de lourds chapelets.
Elle aussi, la foule qui patauge dans ce
cloaque est extraordinaire. Elle se compose presque exclusivement d'hommes
qui tous se ressemblent, à quelques diffé-
rences près, d'âge et de rides : partout la
même jupe sombre avec une manière de
corsage fendu sur les côtés, partout la
même face jaune inexpressive, les mêmes

pommettes saillantes et les longues queues de cheveux émergeant de crânes rasés. Peu de femmes, et, du reste, elles ne sont guère plus belles que les hommes. Leur figure possède le même caractère tartare que celle de leurs époux, mais encadrée d'une épaisse chevelure noire relevée en un savant chignon piqué de longues épingles horizontales. Elles se traînent plutôt qu'elles ne marchent, car dès leur jeune âge, leurs pieds, comprimés à l'excès dans d'étroites bandelettes, se sont étiolés, et sont devenus incapables de les porter. Du reste c'est chose hideuse (paraît-il, car jamais elles ne se déchaussent en présence d'un homme, fût-il leur mari), que la vue de cette affreuse mutilation. Les orteils, recroquevillés, repliés sous la plante des pieds, existent à peine et tout le reste de la jambe est couvert d'ecchymoses, de crevasses, de cicatrices qui leur donnent plutôt l'apparence d'un moignon mal opéré que d'un membre humain. Grâce à la civilisation occidentale, grâce surtout aux efforts de nos missionnaires, cette atroce coutume tend à disparaître, et de nos jours la Chinoise, non ainsi mutilée, trouve presque toujours à se marier quand même.

Dans la masse des misérables cases en bois dont je parlais tout à l'heure, il en est quelques-unes qui se distinguent par une apparence presque propre, voire luxueuse : ce sont des théâtres et des fumeries d'opium.

Les premiers, de grandes salles ornées de petites tables basses, ressemblent tout à fait à certains de nos cafés-concerts. Sur la scène, des Chinoises affreusement peintes, parées comme des idoles, vêtues d'étoffes criardes, chantent ou psalmodient sur un ton nasillard — accompagnées par une non moins nasillarde musique — des choses qui paraissent être très drôles, car le public — celui qui comprend — rit à bouche fendue jusqu'aux oreilles. Pour nous autres, ce public-là est au moins aussi intéressant que le vague drame — notre interprète nous l'explique — qui se déroule sur la scène. Il fait une chaleur étouffante, mais le spectateur n'a pas trop à en souffrir, car des boys parcourent la salle avec des serviettes trempées dans l'eau très chaude, qu'ils passent sur le visage de ceux qui en font la demande. En s'évaporant, cette ablution produit une délicieuse fraîcheur. Ils poursuivent même à l'intérieur cette méthode homœopathique contre la chaleur, car ils absorbent du thé brûlant. Leurs tasses leur servent de théière et la soucoupe placée dessus, un peu excentriquement pour laisser filer le liquide, forme passoire. Mais nous n'avons point leur tempérament et ne tardons pas à être suffoqués par cette atmosphère pesante de fumée et de vapeur d'eau, imprégnée de cette persistante odeur de musc qu'émane tout bon Chinois.

Sortant du théâtre, nous entrons dans une fumerie d'opium. Obscurité presque complète, épais nuage d'une fumée très opaque, délicieuse odeur: quand notre œil est habitué à la pénombre, nous distinguons tout autour de la salle des stalles formant une manière de cabinets particuliers ouverts d'un côté. Chacun de ces box est meublé uniformément d'un grand divan et d'une petite table ronde garnie de son service à opium. Le fumeur très confortablement se couche et nous pouvons suivre les différentes phases de l'opération. L'opium est un liquide brunâtre, très visqueux, renfermé dans de petits pots, chers aux Orientaux, décorés avec beaucoup de richesse et de goût. Le Chinois y trempe une longue aiguille d'acier souple, et il fait cuire à la flamme d'une petite lampe la goutte de liquide qui y adhère. Il la roule ensuite sur le fourneau de sa pipe et recommence jusqu'à obtenir une boulette de la grosseur d'un petit pois. Il la pique alors sur la pipe et aspire une longue bouffée en la maintenant sur la lampe pour obtenir la combustion parfaite. Il faut fumer de cinquante à cent de ces boulettes pour obtenir l'état comateux peuplé de rêves étranges... mais suivi, il faut bien le dire, quoiqu'on ait beaucoup exagéré, d'un léger abrutissement. Somme toute, fumer l'opium, pour l'Européen, est une opération fort difficile qui demande beaucoup d'habitude, et de plus c'est une... distraction qui revient fort cher, une seule pipe d'opium coûtant un ou deux sous de notre monnaie. Il est arrivé ce qui s'est produit pour l'alcool dans nos pays : il est entré dans le commerce, sous le nom d'opium, une quantité de matières falsifiées, extrêmement toxiques, mais d'un prix très bas, qui épuisent et tuent rapidement.

Je voudrais pouvoir vous dire les longues conversations que j'ai eues avec *Zi* sur l'état de son pays, sur les mœurs de ses compatriotes, sur la vénalité abracadabrante des fonctionnaires, sur le manque de cohésion et de solidarité entre les différentes parties de l'Empire du

Milieu, sur l'outrecuidance des Céles-
tiaux, sur l'admirable organisation de la
famille chinoise, mais l'heure me presse
et je me contenterai de vous donner de
cet orgueil, de cet esprit de vantardise,
un exemple typique. Après la bataille de
la rivière Min, qui vit la fin de la flotte
chinoise, la destruction de l'arsenal de
Fou-Tcheou et des ouvrages qui le pro-
tègent, on éleva sur les lieux un monu-
ment « commémoratif de la brillante
victoire remportée par les troupes de
S. M. l'Empereur sur les troupes fran-
çaises commandées par l'amiral Courbet ». Heureux peuple qui sait prendre
les choses par leur bon côté !

De Shang-Haï à Nagasaki, la première
ville japonaise que j'eus le bonheur de
voir, deux jours d'une traversée unie et
douce. Dans mes notes, dans mes lettres,
dans mon souvenir, je retrouve partout

la trace de l'enchantement que j'éprouvai
en arrivant dans ce délicieux pays, la
France d'Extrême-Orient, comme on
l'appelle quelquefois. Je retrouve écrit
sur l'heure :

« Au lever du jour, la terre nous est
« apparue relativement très près, se déta-
« chant en violet sur un ciel d'un rose
« infiniment doux. C'est un fouillis de
« pics, de crêtes dentelées, de montagnes
« bizarres, et, tout proche, des îles escar-
« pées, déchiquetées ; de suite, l'impres-
« sion a été délicieuse. Mer unie comme
« une glace, pas un souffle de vent : nous
« passons à côté d'une jonque japonaise
« immobile qui attend la brise pour ren-
« trer au port. Son avant bas, son arrière
« qui se relève en une courbe gracieuse,
« sa grande voile de lin très blanche,
« relevée à petits plis comme nos stores,
« sont du plus pittoresque effet. De petits
« êtres bizarres, tout vêtus de bleu,
« debout sur la poupe, nous regardent
« nous éloigner. Voici maintenant l'îlot

« en forme de pain de sucre de Papen-
« berg, célèbre entre tous dans les annales
« de la mission, car, au XIIe siècle, six
« mille chrétiens furent précipités de ses
« flancs dans la mer.

« Nous entrons dans le long fiord au
« fond duquel est bâti Nagasaki. A
« droite, à gauche, se déroulent deux
« berges escarpées, falaises arides à la
« base, petite végétation tassée, touffue
« sur les sommets. De temps à autre le
« chenal s'élargit et, au fond d'une petite
« anse nous apparaît un village tapi dans
« la verdure, ou bien se rétrécit en un
« cap aride, sévère. Enfin, au fond de
« ce long boyau, nous mouillons notre
« ancre, nous sommes arrivés. Dépeindre
« la ville me paraît difficile après la des-
« cription scrupuleuse qu'en a faite
« Pierre Loti dans *Madame Crysanthème*.
« Pourtant je dois dire que, de suite, j'ai
« ressenti au plus haut point cette impres-
« sion de petitesse, de gentillesse, sur
« laquelle l'auteur insiste tant : petites

2**

« collines, petits arbres, petites maisons,
« petits habitants, tout y est petit, un peu
« mignard peut-être, mais, précisément
« parce que tout est diminué dans la
« même proportion, cela ne choque pas ;
« l'œil finit par s'habituer à l'harmonie
« du paysage et, au fond, l'impression
« est charmante. »

Le service terminé, vite nous descendons à terre dans un petit sampan léger monté par deux Japonais qui godillent en cadence. Ici, comme en Chine, la rame, l'aviron sont inconnus, et c'est par un très complexe mouvement de queue de poisson qu'on fait avancer les embarcations petites ou grandes. Du reste, nous n'avons pas loin à aller pour mettre pied à terre : partout l'eau est profonde dans cette crevasse volcanique, et notre navire a pu se placer très près de terre.

Nous voici d'abord dans la concession européenne, une ville toute neuve, bâtie seulement depuis 1866, époque à laquelle la vieille organisation féodale du pays s'écroula pour faire place à une monarchie constitutionnelle calquée sur nos gouvernements occidentaux, et où le Japon s'ouvrit enfin aux Européens. Rien de remarquable, du reste, dans cet ensemble de bâtisses resserrées entre une colline escarpée et le port, si ce n'est une grande cathédrale catholique en pierre, un club anglais et une foule de consulats aux pavillons variés.

Si les villes chinoises sont sales à l'excès, foyer de la peste et du choléra, ici, au contraire, règne une propreté scrupuleuse : toutes ces petites maisons légères, bâties en bois et en papier pour n'avoir pas trop à souffrir des tremblements de terre, sont tenues avec un soin tout hollandais.

Grande animation dans la ville. Japonais et Japonaises trottinent sur leurs socques de bois qui frappent joyeusement les dalles : pas de voitures à craindre, mais seulement des djins, des poussepousse, comme nous les appelons, légers avec leurs grandes roues, construits sur un modèle gracieux et confortable, garnis d'une petite capote se relevant à la manière de celle des cabriolets, pour protéger le voyageur contre les pluies très fréquentes ici. Les petits *djinrikas* qui les traînent présentent, sous une apparence chétive, une résistance à la fatigue extraordinaire : ils peuvent fournir au trot, dans une journée, une étape de 40 à 50 kilomètres. Je me rappelle qu'un jour, avec plusieurs de mes camarades, me trouvant au pied d'une montée très raide, par pitié pour nos conducteurs, nous descendîmes de voiture. Un sentier s'écartant de la route gravissait la colline en lacets ; nous le prîmes et grande fut notre stupéfaction en voyant nos Japonais charger les djins sur leurs épaules, prendre le raidillon et arriver avant nous au sommet! Ils sont du reste toujours très polis, très accommodants et peu exigeants : en ville, le tarif est de 5 sous à la course, et pour une longue excursion, le prix de revient ne dépasse guère un *yen* d'argent (2 fr. 80 de notre monnaie).

Mais je m'écarte de notre promenade à la ville ; arrêtons-nous un instant aux boutiques dans la grande rue, la rue des marchands.

Ici, on vend des provisions de bouche : beaucoup de poissons, et entre autres une espèce tenant le milieu entre le saumon et le thon, qui se mange crue ; la chair en est très douce et ressemble assez à celle du veau ; puis l'éternel riz, peu de viande de boucherie, du gibier et beaucoup de légumes et de fruits ; parmi ceux-ci, la banane cerise et le kaki tiennent le premier rang.

A côté, une pâtisserie : les Japonais, et surtout les petites mousmés japonaises, sont très gourmands, très amateurs de friandises. Beaucoup de sucreries peintes en couleurs très vives nous semblent détestables ; mais il en est deux sortes qui m'ont semblé excellentes, ce sont le *castera,* gâteau fait de miel et de farine de blé, et le *yokkan,* ou pâté de... haricots rouges pilés et mêlés à du sucre. Ce produit est la base de la confiserie locale : cela rappelle la purée de marrons glacés, avec peut-être même plus de finesse.

Plus loin, on vend les objets de première nécessité : une toile grossière de couleur bleue dont sont vêtus tous les travailleurs japonais ; des sandales de paille pour les djinrikas et les pauvres diables ; des socques en bois garnis de deux talons, l'un devant, l'autre derrière, en forme d'arche, et d'une courroie qui s'adapte entre les orteils ; du tabac, très clair, ressemblant, à s'y méprendre, à de l'étoupe, et des allumettes, une quantité considérable d'allumettes, toutes du type amorphe. C'est le pays des allumettes. Un de mes camarades s'est amusé à collectionner les couvercles de ces boîtes et il possède actuellement plus de 800 types différents provenant tous d'usines japonaises.

Plus loin encore, voici les magasins de Kurios (c'est le terme consacré pour désigner toutes les antiquités, les bibelots, les derniers restes des arts nippons). La visite en vaut la peine, et, si vous voulez, nous allons entrer dans le principal d'entre eux, chez mon ami *Sato*. Comme il nous a déjà vu souvent, il ne nous recevra pas dans sa boutique, mais dans son salon : vous êtes priés d'abord d'enlever vos... chaussures, la règle est formelle dans toute habitation japonaise : vous pourriez apporter de la boue du dehors et salir les belles nattes épaisses, finement tressées, qui couvrent le sol. Nous sommes dans la principale pièce : des objets de prix, des curiosités qu'on n'exhibe qu'aux vrais amis — et nous sommes de ceux-là — sont placés sous des vitrines. Très cérémonieusement, le maître de céans se courbe en deux, d'un mouvement brusque, les mains bien ouvertes sur les cuisses, en aspirant fortement l'air avec un léger sifflement : cela veut dire bonjour ;

il ajoute pour la forme : « *Koniti chi-wa anata* ». Vous êtes présentés.

Plus poliment encore, il vous invite, en vous donnant l'exemple, à vous asseoir... par terre, naturellement, car les sièges font complètement défaut. Je dois vous avertir que nous sommes venus acheter une statuette en bois sculpté, d'un travail délicieux, que nous marchandons depuis quinze jours. La conversation s'engage, sur mille riens d'abord, sur le temps, sur notre santé, sur l'époque possible de notre départ, absolument comme dans nos salons, puis il nous montre de nouvelles curiosités qu'il a dénichées à grand'peine, à l'intérieur de l'île : un *kakimono* de maître, une vieille image sur papier, une boîte en laque d'or, une potiche en cloisonné, un ivoire de la belle époque, et le temps passe. Une légère interruption ; la fille de la maison, Mlle *Ofoukou,* apporte du thé et du castera ; goûtons-y ; celui-ci, nous le connaissons, mais le thé, horreur! Il ne ressemble en rien à la boisson que nous buvons sous ce nom. D'abord, il est vert, ensuite les Japonais ne font jamais bouillir l'eau d'infusion, mais préparent le « *tcha* » à environ 60° centigrades ; n'essayez pas de mettre du sucre, ce serait une profanation ; buvez, si vous pouvez, le liquide amer mais tonique. Après cet intermède, la conversation reprend, de plus en plus vague ; incidemment il est dit un mot de l'objet de notre visite, mais sans insister, en passant ; vous dites vos prix ; le vôtre un peu plus fort, celui du marchand un peu plus faible que la veille, et vous repartez après le même salut que tout à l'heure, quitte à revenir demain, après-demain, huit jours de suite si vous le désirez : vous trouverez toujours le même accueil cordial, et aussi la même lenteur. Il ne faut pas oublier que si le Japonais est actif, il n'en reste pas moins oriental, c'est-à-dire patient à l'extrême, fin diplomate, mais jamais pressé. Du reste, cette méthode leur réussit à merveille avec les voyageurs, les touristes qui passent rapidement et achètent follement aux prix proposés. Ceux-là sont exploités d'une façon scandaleuse et, pour ma part, j'avoue que ce tour m'arriva une fois. A l'arrivée de mon bateau à Nagasaki, des marchands se présentèrent à bord avec leur pacotille. J'achetai à l'aveuglette des graines de chrysanthème que je me hâtai d'envoyer à mon père. Horreur ! quand elles laissèrent voir des feuilles, on découvrit que, manquant à tous leurs devoirs, elles poussaient salades, et mauvaises salades, qui plus est !

Continuons notre promenade ; nous voici devant un marchand de tableaux. Pas de grandes toiles surchargées de couleur, pas de cadres flambant d'or, mais des morceaux de soie très fine, recouverts d'aquarelles et de gouache. Ce qui frappe, ce qui est remarquable dans l'art, dans les arts japonais, c'est la fraîcheur des tons et la délicatesse des détails. Le caractère du Nippon s'y retrouve tout entier avec son inaltérable patience et sa finesse d'observation. Voyez cette chevelure, et comptez, si vous le pouvez, le nombre fantastique de coups de pinceau, de l'épaisseur d'un cheveu — c'est le cas de le dire — que l'artiste a dû donner pour arriver à ce fouillis, à cette précision ! Contrairement à leur voisin le Chinois, qui laisse libre cours à son imagination, cherchant à figurer les monstres et les dragons les plus invraisemblables, déformant la nature jusqu'à la rendre méconnaissable, voguant en plein rêve, en pleine fantaisie, le Japonais, au contraire, strictement réaliste, copie les arbres, les fleurs, les animaux avec une conscience naïve, parfois puérile, mais toujours charmante. Il est impossible, je crois, de trouver si près l'une de l'autre deux compréhensions d'art aussi différentes, synthétisant davantage les sensibilités adverses de deux peuples.

Traversons maintenant un joli pont coupant un torrent presqu'à sec aujourd'hui, et nous arrivons au grand temple d'*Ossuwa*. Deux religions règnent au Japon : le Bouddhisme et le culte national le Shintoïsme, qui n'est autre que la religion des esprits de la nature et des mânes des ancêtres. De même qu'en Chine, nous trouvons le respect des morts poussé jusqu'à l'adoration, comme en témoignent les cimetières parfaitement tenus, dressant dans la verdure leurs stèles de pierre blanche, qui environnent la ville. Entrons dans le temple : plusieurs grands portiques, chefs-d'œuvre d'équilibre, donnent accès dans un vaste parc où les chrysanthèmes les plus magnifiques étalent au soleil leurs longs pétales multicolores, fins comme des lanières [1]. Puis, nouveaux portiques et une vaste cour, ornée de nombreux lampadaires, d'un superbe cheval taillé dans un énorme bloc de jade, d'obus tout neufs, ex-votos de la dernière guerre. Gravissant quel-

[1] En réalité, ce parc se trouve en arrière et à gauche du temple. De là, on domine Nagasaki et la vue est superbe. (N. de l'Auteur.)

ques marches, on arrive au sanctuaire proprement dit, un petit bâtiment contenant les idoles, tout pénétré d'air et du parfum des fleurs. Pieusement le Japonais viendra tout à l'heure s'agenouiller sur le sol et, après avoir frappé à plusieurs reprises dans ses mains pour appeler l'attention de la divinité, récitera ses prières avec des prosternations et une mimique des plus drôles pour nous... les barbares !

J'ai vu d'autres villes japonaises : *Kobé,* au fond de la mer intérieure, entre les îles *Kiusia, Sik-Kok* et *Nip-Hon,* dans un des plus charmants paysages qu'on puisse voir ; *Yokohama,* le grand port ; *Tokio,* la capitale, mais j'avoue qu'aucune d'elles ne m'a séduit autant que *Nagasaki.* Jamais ailleurs je n'ai rencontré cette douce intimité, cette grâce et cette captivante gaieté, cette fraîcheur d'émotion du pays resté enfant, naïf, non encore pourri de basse civilisation et de cosmopolitisme.

Nous avions fini par y être un peu chez nous, et nous y comptions quelques bons amis qui nous initièrent à leurs mœurs, à leur vie. Vie simple, caractères primitifs, bons et doux par nature. Les crimes sont rares dans ce pays, le voyageur n'a rien à craindre des habitants ; il peut parcourir toute la contrée sans une arme, il est certain de recevoir partout la plus complète hospitalité ; partout il rencontrera le même peuple infatigable aux travaux les plus pénibles, patient à l'extrême, observateur profond, possédant une faculté d'imitation presque simiesque, adorateur de la nature et en particulier des parfums et des fleurs qu'il cultive avec un soin jaloux. Partout aussi vous rencontrerez cet être charmant de fraîcheur qu'est la femme japonaise. Ces petites « mousmés », d'une rare élégance, d'une fragilité de poupées, ont toujours le rire à la bouche, un rire clair et sonore d'enfants sans soucis, sans chagrins, enivrés de joie et de liberté. Vous pouvez les observer, jamais vous ne rencontrerez un geste brusque, inharmonique ou vulgaire, mais toujours la souplesse — j'allais dire la mollesse — et la grâce des filles de l'air et du soleil... levant.

Avant de terminer, je voudrais encore vous dire un mot d'un autre pays où je me suis arrêté aussi pendant assez long-temps, la *Corée,* mais j'avoue que je l'ai peu vu, peu étudié. Quand j'y suis allé, c'était l'hiver, il faisait un froid terrible, une température variant entre moins de 15 et moins de 20° centigrades, bien que la latitude de *Chemulpo,* le port où nous nous trouvions, soit à peu près celle d'Alger. Cette différence de climat, bizarre au premier abord, s'explique facilement par cette constatation que l'Est des conti-nents est beaucoup plus froid que l'Ouest, ces contrées privilégiées étant toujours réchauffées par des courants océaniques et atmosphériques, venant du Sud à cause de la rotation de la terre.

Cette température n'était guère enga-
geante, et à part les sorties nécessitées par
le service, je ne descendis à terre qu'une
seule fois, pour une grande partie de
chasse à l'intérieur, sur la route de Saoul.
Pauvre pays que la Corée ; pendant cinq
mois un désert, et pendant sept mois un
enfer, tant la chaleur y est accablante.
Une seule culture, du moins dans la partie que j'ai vue : celle du riz ; beaucoup
de brousse dans laquelle le faisan pullule.
Les habitants, de grands gaillards ressemblant peu à leurs voisins les Chinois :
forte moustache, l'air farouche et guer-
rier, le teint pâle. Ils sont tous vêtus en
hiver de longues robes fourrées blanches,
de grands chapeaux de toile cirée noire,
qui leur donnent un air étrange de femmes
colosses.

Il faisait trop froid pour aller jusqu'à
Séoul, la capitale ; d'autre part, la chasse
était trop fructueuse, nos porteurs fati-
gués, et nous nous arrêtâmes à un lamen-
table petit village d'où nous rayonnâmes

aux environs dans la brousse et les rizières, trouvant le soir, dans notre auberge japonaise, des vivres et le gîte : une chambre à châssis en papier, heureusement chauffée en dessous par une manière de four.

J'ai terminé de vous raconter une des campagnes les plus agréables que j'aie faites à travers tout un monde merveilleux. J'ai essayé d'être sincère dans l'exposé de mes impressions et de vous donner une faible idée de ce que j'ai senti, vécu dans ce voyage. Si j'y ai réussi, si je suis arrivé à vous faire passer une heure agréable, ma meilleure récompense sera que la Société des Conférences m'invite de nouveau, un hiver, à venir vous raconter d'autres campagnes et d'autres pays.

P. CAPRONNIER.

Beauvais. — LAMIABLE, imprimeur, 27, rue Saint-Pantaléon.